Riok
Er kommt aus Seeland und möchte seine Familie retten.

Duna
Sie ist das erste Zottel, dem Mia und ihre Freunde begegnen.

Jojo
Das freche Zottelfohlen ist Kyaras bester Freund.

Tessandra

Sie weiß viel
über Centopia
und hat
magische Kräfte.

Garnivera

Sie ist die
Hüterin der
Regenbogeninsel.

Flair

Sie ist Garniveras
Tochter und
Onchaos beste
Freundin.

Neue Welten, neue Freunde

Karin Pütz

Ravensburger

© 2023 m4e GmbH, Lizenz durch Studio 100.
„Mia and me" basiert auf einer Idee von Gerhard Hahn.

Alle Rechte dieser Ausgabe vorbehalten durch
Ravensburger Verlag GmbH
Postfach 2460, 88194 Ravensburg

Text: Karin Pütz
Umschlaggestaltung: Produktmacherei, Stefanie Hahn
Inhalt: PrePressPro, Kirsten Küsters

Printed in Germany
ISBN 978-3-473-49695-2
www.ravensburger.de

Inhalt

Alles wird anders

Etwas Seltsames geht auf Centopia vor. In letzter Zeit erschüttern immer wieder heftige Erdbeben die Insel. Was hat das bloß zu bedeuten?
Eine steinerne Panflöte führt **Mia** und ihre Freunde zusammen mit der Pankönigin und dem Pankönig in die Bolobo-Höhlen. An einer Wand dort entdecken sie geheimnisvolle Zeichen. Sie sehen genauso aus wie die auf der Flöte. Das kann kein Zufall sein …

Doch erst als die Pankönigin die Flöte wie ein fehlendes Puzzleteil in eine Ausbuchtung der Wand drückt, ergeben die Zeichen einen Sinn. Mit feierlicher Stimme liest die Pankönigin die Botschaft vor: „Als das Herz des Ur-Einhorns zerbrach, zerbrach auch der Boden, auf dem es sich bewegte. Doch ist das Herz wieder zusammen-gefügt, so kehren die Inseln an ihr ursprüngliches Ufer zurück."
Mia und ihre Freunde erschrecken.

Sie haben das Herz von Centopia zusammengesetzt.
Ohne es zu wissen, haben sie damit also etwas in Gang gesetzt …
Eine Insel nach der anderen wird sich nun mit der Hauptinsel Centopia verbinden, bis der alte Kontinent wieder vollständig ist. Werden Mia, **Yuko** und **Mo** bei diesem Abenteuer neue Freunde finden? Oder lauern unbekannte Gefahren auf sie?

Fremde Insel in Sicht

Als Mia in Centopia ankommt, begrüßt
Onchao sie aufgeregt. Das junge
Einhorn hat eine wichtige Entdeckung
gemacht. Die erste Insel ist in Sicht!
Noch schwimmt sie weit draußen im
Meer. Doch sie bewegt sich eindeutig
auf Centopia zu.
Mia und Onchao fliegen sofort zum
Elfenpalast, um Yuko, Mo und das
Königspaar zu informieren.

Im Thronsaal berichtet Mia, was sie von Onchao erfahren hat. Dann nennt sie das Orakel, mit dem sie nach Centopia gekommen ist.

Diesmal lautet der Orakelspruch:

„Lass nicht allein, wer ist in Not."

Sorgenvoll schauen sich die Freunde an. Bedeutet das etwa, die Bewohner der fremden Insel sind ihnen feindlich gesinnt?

König Raynor trifft eine Entscheidung: Er wird Wachen entlang der Küste aufstellen.

„Eine gute Idee", stimmt Mo seinem Vater zu. „Mia, Yuko und ich werden die verbleibende Zeit nutzen und uns auf der fremden Insel ein wenig umschauen."

König Raynor und Königin Mayla sind einverstanden. Raynor stellt Mo für die Reise sogar den Ballonthron zur Verfügung. Mit dem königlichen Gefährt ist der weite Weg schneller zu schaffen.

Ein rätselhafter Ort

Die Freunde sind eine ganze Weile
unterwegs. Dann haben sie die Insel
erreicht. Sie landen den Ballonthron
und blicken sich verwundert um.
So etwas wie hier haben sie noch nie
gesehen. Das Land ist flach und karg.
Außer Flechten und Moos scheint an
diesem Ort kaum etwas zu wachsen.
Außerdem sind weit und breit keine
Bewohner zu sehen.
Onchao wiehert nervös.
Mia übersetzt für Yuko und Mo. „Als
Onchao die Insel entdeckt hat, hat
er aus der Luft ein Dorf gesehen. Es
muss hier irgendwo in der Nähe sein."

Onchao springt bereits voraus. Er scheint genau zu wissen, wo es langgeht. Also folgen ihm die Freunde. Tatsächlich erreichen sie das Dorf kurz darauf. Doch was sie sehen, lässt Mia, Yuko und Mo Schlimmes ahnen. Jedes einzelne Haus ist kaputt!
Erschrocken schauen sich die Freunde an.

Mia deutet auf einen offenbar hastig aus Holz zusammengezimmerten Schutzwall. „Die Bewohner dieses Dorfes haben wohl noch versucht, die Angreifer abzuwehren. Leider ohne Erfolg." Mia stutzt. Sie hat eine Bewegung hinter dem Schutzwall bemerkt. Zwischen zwei Holzbrettern blitzt ein Auge hervor und die Umrisse eines violetten Gesichts …

„Hallo!" Mia winkt dem unbekannten Beobachter zu. Doch dessen Reaktion fällt anders aus als erwartet. Er tritt den Schutzwall mit einem kräftigen Stoß nieder und galoppiert auf die Freunde zu.

Mia, Yuko, Mo und Onchao können sich gerade noch in die Luft retten.

„Was ist das?", ruft Mia verblüfft.

Yuko und Mo schütteln ratlos die Köpfe.

Das unbekannte Wesen stürmt davon.

„Kommt, wir folgen ihm!", schlägt Mia vor. Sie schwirrt los. Ihre Freunde schließen sich an.

Eine überraschende Begegnung

An ein paar Felsen bleibt das fremde
Wesen stehen. Es dreht sich zu den
Freunden um, wiehert und schüttelt
seine wilde Mähne.

Mia stutzt. „Es hat gesagt, wir sollen
aufpassen!"

„Du kannst es verstehen?", fragt Mo
verwundert. „Ist das da vorne etwa
ein Einhorn?"

Mia nickt zögernd. „Scheint so. Obwohl
es ganz anders aussieht als alle
Einhörner, die ich kenne."

Hinter dem großen, violetten Einhorn
tauchen weitere auf. Sie hatten sich
hinter den Felsen versteckt. Es sind
auch Fohlen dabei!

„Diese Einhörner haben das Dorf nicht zerstört." Mia schüttelt den Kopf. „Vielleicht hat das Orakel sie gemeint und sie brauchen unsere Hilfe." Sie flattert zu den Einhörnern hinüber und landet ein paar Schritte von ihnen entfernt. „Hallo, mein Name ist Mia. Ihr könnt meinen Freunden und mir vertrauen!"

Die Einhörner scheinen ihr nicht zu glauben. Denn alle gemeinsam stürmen sie plötzlich auf Mia zu.

Erschrocken macht sie ein paar Schritte zurück.

Die Einhörner halten inne. Das große Einhorn wiehert laut.

Mia starrt es verwundert an. „Ihr verlangt einen Akt des Vertrauens von mir? Was soll ich tun?"

Das Einhorn gibt ein Schnauben von sich.

„Ich soll die Augen schließen?" Mia ist nicht sicher, ob sie richtig verstanden hat. „Für euch sind geschlossene Augen ein Zeichen von Vertrauen und Freundschaft?"

Das Einhorn nickt.

Also gehorcht Mia und schließt ihre Augen.

Lautes Getrappel ertönt.

Die Geräusche verraten Mia, was um sie herum geschieht. Offenbar galoppieren die Einhörner in vollem Tempo auf sie zu! Dennoch rührt sich Mia nicht von der Stelle. Ihre Augen bleiben geschlossen. Im letzten Moment weichen die Einhörner Mia aus und umkreisen sie schnaubend. Dann spürt sie, wie eine weiche Einhornnase sanft gegen ihr Gesicht gedrückt wird.

Mia öffnet die Augen.

Das violette Einhorn steht vor ihr. Es lächelt freundlich. Hinter ihm haben sich die Fohlen aufgereiht. Wie auf ein geheimes Zeichen hin verneigen sich alle Einhörner vor Mia.

Das violette Einhorn hebt als Erstes
wieder den Kopf und schnaubt.
Mia strahlt. „Hallo, **Duna**!" Sie deutet
auf ihre Freunde, die alles
mit angesehen haben. „Diese drei sind
auch eure Freunde. Sie heißen Yuko, Mo
und Onchao. Wir wollen euch helfen –
wobei auch immer."
Duna nickt und trabt los. Alle folgen ihr.

Rettung in letzter Sekunde

Duna und die Fohlen führen die Freunde
zu einem Berg. Dort gibt es eine Höhle.
Duna verschwindet darin.
Mo zögert. „Ich weiß nicht recht …"
„Denk an das Orakel: Lass nicht allein,
wer ist in Not". Mia folgt Duna, dreht sich
dann aber noch einmal um.
„Onchao, bleib du so lange hier draußen
bei den Fohlen und pass auf sie auf."
Onchao nickt, während Yuko und Mo
an Mias Seite eilen.
Drinnen in der Höhle ist es stockdunkel.
Duna wiehert.
„Sie sagt, da ist etwas hinter der Wand
neben ihr", übersetzt Mia flüsternd.

Sie hat den Satz kaum beendet, da
wackelt der Boden. Ein Erdbeben!
Dicke Brocken kullern aus der Wand
und landen nur wenige Schritte vor
Mias Füßen.

„Nichts wie raus hier!", ruft Mo. „Gleich
wird die ganze Höhle einstürzen!"
Doch Mia schüttelt den Kopf.
Stattdessen fliegt sie zu Duna, die
mit ihren Hufen einige der Brocken
beiseiteschiebt.

Da ertönt eine unbekannte Stimme.
„Hallo, ist da jemand?" Die Stimme
scheint von irgendwo hinter der Wand
zu kommen.

Yuko und Mo haben sie auch gehört.
Entschlossen packen sie nun mit an.
Alle gemeinsam räumen sie einen Stein
nach dem anderen beiseite.

Kurz darauf haben sie in der Höhlen-
wand eine kleine Öffnung freigelegt.
Eine Gruppe Elfen taucht dahinter auf.
Es sind Kinder! Ein größerer Elf ist bei
ihnen. Er ist ungefähr so alt wie Mia,
Yuko und Mo.
„Bitte, helft uns!", fleht er.
Da erzittert die Erde schon wieder.
Zusammen mit Duna helfen die Freunde
den Elfen erst aus der Höhle und dann
aus dem Berg.

In letzter Sekunde treten sie ins Freie.
Dann stürzt der Berg ein.
„Danke!", sagt der fremde Elf
aufgewühlt. „Wir
hatten Angst, dass
uns niemand findet."
Lächelnd deutet Mia
auf Duna.
„Wir hatten Hilfe."
Das Einhorn wiehert.
Mia spitzt die Ohren.
„Dein Name ist Riok?"
Fragend blickt sie den
jungen Elf an.
„Das stimmt", antwortet er verblüfft.
„Du kannst die Sprache der Zottel
verstehen? Wie ist das möglich?"
Mia lacht. „Ich habe etwas Übung darin,
mit Einhörnern zu reden."

Stolz baut sich Onchao neben ihr auf.
Mo deutet in Richtung des zerstörten
Dorfes. „Riok, kommst du von dort?
Was ist an diesem Ort geschehen?"
„Das Dorf!" Mit einem Satz springt
Riok auf Dunas Rücken und prescht
mit ihr davon.
„Yuko! Mo! Bleibt ihr bei den Kindern!",
ruft Mia ihren Freunden zu und schießt
hinter Riok her.

Ein neuer Anfang

Verzweifelt rennt Riok zwischen den zerstörten Hütten seines Heimatdorfes umher. „Meine Familie! Meine Freunde! Sie sind alle weg!"

Tröstend legt Mia ihm die Hand auf den Arm. „Weißt du, wer dafür verantwortlich ist?"

„Ja! Da waren geflügelte Bestien", berichtet Riok mit brüchiger Stimme.

„Auf ihren Rücken saßen blasse Reiter. Sie sahen aus wie Elfen – aber anders."

Mia nickt verstehend. „Munculusse."

„Ihr Anführer sah aus wie ein Käfer."
Riok schüttelt sich angewidert.

„O je!" Mia erschrickt. „Das klingt nach Dax!"

„Unsere Eltern haben uns in der Höhle versteckt." Riok schluckt bei der Erinnerung. „Aber dann wurden die Erdbeben schlimmer. Der Ausgang unserer Höhle stürzte ein. Wir saßen fest." Ruckartig wendet er sich Mia zu und packt sie an den Schultern. „Wo haben diese Munculusse meine Familie hingebracht? Weißt du das?"

Mia schüttelt den Kopf. „Leider nein. Aber wir werden es herausfinden. Versprochen! Bis es so weit ist, bleibst du, die Kinder und die Zottel bei uns Elfen im Krater. Dort seid ihr sicher."

Gerade landet der Ballonthron im
Elfenkrater. Riok, alle Kinder und
die Zottel sind gut in ihrem neuen
Zuhause angekommen.
König Raynor und Königin Mayla
treten aus dem Palast und begrüßen
die Neuankömmlinge.
„Vielen Dank, dass wir hier sein dürfen."
Staunend schaut sich Riok um. Dieser
Ort ist so anders als sein Zuhause
Seeland. Dennoch gefällt es ihm. Er
weiß, nirgendwo sind er, die Kinder und
die Zottel besser aufgehoben als hier.
Denn in diesem Krater sind sie
bei Freunden!

Zottel in Not

Als Mia das nächste Mal nach Centopia zurückkehrt, schaut sie sich im Krater um und stellt zufrieden fest: Zottel und Seeländer haben sich bestens eingelebt.

Yuko und Mo schwirren herbei. Auch **Kyara** kommt fröhlich angesprungen und drückt zur Begrüßung ihre Nase gegen Mias Hand. Riok, der gerade mit dem frechen Zottelfohlen **Jojo** gespielt hat, tritt ebenfalls hinzu.

Yuko kommt gleich zur Sache. „Wie
lautet das Orakel diesmal?"

„Pink und klein wird hilfreich sein."

Mia lacht. „Diesmal ist wohl klar, von
wem das Orakel spricht."

„Allerdings", stimmt Yuko ihr zu.
„Niemand ist pinker und kleiner
als Kyara."

Übermütig stupst Jojo das Einhorn-
mädchen mit dem Maul an und stürmt
davon. Diese Einladung zum
Fangenspielen lässt sich Kyara nicht
entgehen und springt hinter Jojo her.
Die beiden Einhörner sind noch nicht
lange weg, da kommen Xolana und
Shiva angeflogen.
„Prinz Mo!", ruft Xolana schon von
Weitem. „Mit Jojo stimmt etwas nicht!
Kommt und schaut euch das an!"

Jojo liegt am Boden und macht ein
unglückliches Gesicht.
Besorgt kniet sich Mia neben das
Zottelfohlen. „Was hast du?"
Jojo grummelt gequält.
„O je!" Mia springt auf. „Er sagt, sein
Bauch tut ihm weh."
Onchao tritt neben das kleine Zottel
und lässt eine Träne auf dessen
Bauch fallen.
Jojo schnaubt enttäuscht.

„Das hat nicht geklappt!" Mia ist ratlos.
„Eine Einhornträne wirkt doch sonst
immer."
Auch Kyara will helfen. Vorsichtig drückt
sie ihr goldenes Horn gegen Jojos
Bauch.
Vergeblich. Jojo stöhnt leise.
„Offenbar funktioniert Einhornmagie
bei den Zotteln nicht", stellt Mo besorgt
fest. Er hat es kaum ausgesprochen, da
sacken weitere Zottel zu Boden. Auch
Duna ist dabei. Aus ihrem Bauch ertönt
ein lautes Poltern.
„Vielleicht haben sie etwas Falsches
gefressen", vermutet Mo.
Riok denkt nach. „Sie haben am Gras
geknabbert. Genau wie Onchao und
Kyara …"

Mia ahnt Schlimmes. „Was fressen die Zottel denn auf Seeland?"

„Manchmal Moos oder Flechten. Vor allem aber Algen aus der Algenbucht", antwortet Riok.

Wenig später sind die Elfenfreunde, Onchao und Kyara auf dem Weg zur Algenbucht. Mia hat dem Einhornmädchen erlaubt, sie zu begleiten. Schließlich hat das Orakel versprochen, dass Kyara helfen wird.

Jeder von ihnen hat Eimer dabei. Darin wollen sie so viele Algen wie möglich von Seeland zur Hauptinsel bringen.

Kyaras großer Auftritt

Staunend schauen sich die Freunde in der Algenbucht um. Runde, üppig mit Algen bewachsene Steine ragen dort aus dem flachen Wasser.

Doch statt gleich mit dem Einsammeln der Algen zu beginnen, stapft Riok in Richtung Strand davon. „Wir brauchen kleine, nicht zu dünne Stöcke", ruft er den anderen zu. „Damit können wir die glitschigen Algen wie Spaghetti aufrollen."

Rasch stellt sich bei der Suche nach den Stöcken heraus: Kyara ist sehr gut darin, welche zu finden.

An einem Stock zieht und zerrt Kyara jedoch vergeblich. Er steckt fest im Sand und bewegt sich nicht. Aus Versehen streift Kyara den Stock mit ihrem Horn. Es leuchtet hell auf.

Onchao wiehert überrascht und ruft Mia herbei.

Mia tut, was sie kann. Es kostet sie
viel Kraft. Dann hält sie den dünnen
Ast in den Händen.

Kyara wiehert glücklich. Erneut drückt
sie ihr Horn gegen den Stock. Wieder
leuchtet es auf.

Mia stutzt. „Was kann das bedeuten?"
Da ertönt ein erschrockener Ruf. Es ist
Mo. Er deutet zum Himmel. „Dort hinten
kommen Drachen! Sie sind dunkel.
Muncs sitzen auf ihren Rücken.
Los, versteckt euch!"

„Wir greifen sie nicht an?", fragt Yuko
verdattert.

„Nein! Das sind keine normalen
Drachen. Wir wissen nicht, was sie
anrichten können."

Schnell kauern sich die Freunde hinter
ein paar große Steine.

Kurz darauf landen die Dunkeldrachen
ganz in ihrer Nähe. Die Munculusse
steigen ab und beginnen, Treibholz
einzusammeln. Einer der Muncs hebt
den Ast auf, den Mia eben erst aus dem
Sand gezogen hat. Er muss ihr aus der
Hand gerutscht sein, als sie hinter die
Steine geklettert ist.

Kyara wiehert empört. Bevor Mia es
verhindern kann, springt die Kleine aus
dem Versteck, stürmt auf den verdutzten
Munc zu und nimmt ihm das Stöckchen
ab.

Sofort ruft der Munc Verstärkung herbei.
Onchao baut sich schützend vor seiner
kleinen Schwester auf. Falls nötig, wird
er die Muncs mit einem Wirbelsturm
wegpusten. Solche Stürme kann
Onchao mit seinen Flügeln entstehen
lassen.

Mia, Yuko und Mo springen an seine
Seite. Sie beschießen die Muncs mit
ihren Wasserblitzen. Die getroffenen
Muncs schrumpfen und fallen von
ihren Drachen herunter. Leider stört
das die Dunkeldrachen überhaupt nicht.
Sie greifen immer wieder an.
Da tritt Riok mutig auf die Drachen zu.
Er hält einen Stock mit aufgerollten
Algen in den Händen und schwenkt ihn
vor den Drachen hin und her.

Angewidert drehen die Dunkeldrachen und Muncs ab und verschwinden.

„Es sind die Algen!", jubelt Mia.

„Offenbar können die Drachen den Geruch nicht ausstehen!"

Kyara tritt mit hängendem Kopf neben Mia und schnaubt unglücklich.

Tröstend tätschelt Mia dem Einhorn-mädchen den Hals. „Ich weiß, du wolltest niemanden in Gefahr bringen."

Sanft nimmt sie Kyara das kleine Stück Treibholz ab. „Was findest du nur an diesem Stock?"

„Das können wir später herausfinden." Riok deutet auf die Eimer, die neben ihm stehen. Sie sind randvoll gefüllt mit aufgerollten Algen. „Zuerst müssen wir den Zotteln ihr Fressen bringen!"

Ein besonderes Stück Holz

Zurück im Krater verteilen die Elfenfreunde die Algen an die Zottel. Duna,
Jojo und die anderen saugen die
glitschigen Pflanzen gierig von den
Stöcken. Schon Augenblicke später
geht es ihnen besser.
Simo hat auf die Zottel aufgepasst,
während die Freunde weg waren.
Jetzt nimmt er Riok den Stock mit den
letzten Algen aus der Hand. „Überlass
die hier mir. Dann können Lasita und
ich die Algen am Strand anbauen."
Riok willigt sofort ein.
Auch Mia nickt anerkennend. „Gute
Idee."

Da kommt Kyara angesprungen. Sie hat ihr Stöckchen im Maul und hält es Mia auffordernd hin.

Mia nimmt es und berührt damit das Horn des Einhornmädchens. Das Horn leuchtet auf. Doch diesmal ist da noch mehr: Für einen kurzen Moment schimmert der Stock pinkfarben!

„Wow!" Simo ist ganz aufgeregt. „Ich glaube, das ist ein Signal – vielleicht von den Kräften der Natur selbst. Fragt am besten meine Mutter **Tessandra**. Sie kennt sich mit solchen Dingen aus."

Tessandras magisches Ritual

Kurz darauf stehen sie alle in
Tessandras Baumhaus im Schwarzen
Wald. Tessandra betrachtet den Stock
eingehend. „Ihr habt recht. Er ist etwas
Besonderes! Ich werde ein magisches
Ritual durchführen. Vielleicht erfahren
wir dann mehr." Tessandra füllt etwas
Flüssigkeit in ein Glas, lässt dann eine
Handvoll getrockneter Beeren und
Samen hineinfallen.
Die Freunde halten die Luft an.
Aus dem Glas steigt eine riesige,
pinkfarbene Dampfwolke auf.
Tessandra wirft den Stock hinein.
Statt zu Boden zu fallen, wird er in
die Luft gehoben. Einen Moment lang
scheint er auf dem Dampf zu schweben.

Dann teilt sich die Wolke. Wie durch ein
Fenster können die Freunde sehen,
was in diesem Moment auf Dystopia
geschieht.
Riok reißt die Augen auf. „Meine Brüder!
Da sind Baruk und Luko! Sie schleppen
Holzstämme zu einem riesigen
Gebäude. Sie bauen dort etwas." Riok
schüttelt den Kopf. „Ich verstehe das
nicht! Wieso laufen sie nicht weg?"

„Das muss am Nebel liegen", antwortet
Tessandra ernst. „Es heißt: Sobald man
den Nebel der Verdammnis einatmet,
steht man unter Lord Drakons Bann.
Er ist der Herrscher von Dystopia."
„Das ist ja furchtbar!", ruft Mia
erschrocken aus. „Wir müssen sie
retten!"
„Da ist leider noch etwas", sagt
Tessandra bedrückt. „Schaut genau hin:
Dystopia ist eine Insel. Sie bewegt
sich auf unsere Insel zu und bringt Lord
Drakon und den giftigen Nebel mit!"

Die Dampfwolke löst sich auf, die Bilder verschwinden. Der Stock landet in Tessandras Hand. „Aber es gibt Hoffnung", erklärt die Druidin bestimmt. „Centopia wollte, dass wir das sehen. Also gibt es einen Weg, wie wir gerettet werden können. Leider kenne ich ihn nicht."

Die Freunde schauen sich entschlossen an. Kämpferisch reckt Mia die Faust in die Höhe. „Wir werden es herausfinden! Gemeinsam sind wir stark."

Die Regenbogeninsel

Gerade als Mia das nächste Mal nach Centopia zurückkehrt, bebt erneut der Boden.

Kyara, die Mia gerade begrüßen will, lässt erschrocken ihr geliebtes Stöckchen fallen.

Mia hebt es auf und steckt es sich in den Gürtel, denn Kyara springt bereits mit den jungen Zotteln davon.

Da kommen Yuko und Mo angeschwirrt.

„Offenbar ist wieder eine Insel in der Nähe", stellt Mo ernst fest.

Yuko deutet in Richtung Norden.

„Das Beben kam aus dieser Richtung. Dort liegt das Jadehorn. Meint ihr, die Regenbogeninsel verbindet sich mit unserer Insel?"

Nachdenklich tippt Mia sich ans Kinn.

„Das würde zum Orakel passen.

Es heißt:

Hinter allen Farben auf der Welt wartet der, der Antworten bereithält.

Alle Farben der Welt? Damit ist ein

Regenbogen gemeint!"

Onchao wiehert erschrocken.

Mia beruhigt ihn. „Keine Sorge.

Bestimmt geht es **Flair** und

Carnivera gut."

„Trotzdem sollten wir nachsehen",

entscheidet Mo.

Yuko schwirrt bereits davon.

Riok kann kaum glauben, was er gehört hat. „Wie bitte? Eine Regenbogeninsel? Und wer sind Garnivera und Flair?"
Mia erklärt es ihm: „Garnivera und Flair sind zwei Einhörner. Sie leben auf der Regenbogeninsel. Normalerweise ist die Insel im Nebel verborgen. Aber Onchao kann eine Brücke dorthin entstehen lassen. Dazu muss er sein Horn in eine Öffnung am Jadehorn stecken."

Natürlich will Riok sich das nicht
entgehen lassen. Er klettert auf Dunas
Rücken und begleitet die Freunde.

Ein gut gehütetes Geheimnis

Mia und ihre Freunde erreichen das
Jadehorn. Doch alles ist anders als
erwartet: Der Nebel ist verschwunden.
Die Regenbogeninsel ist dicht an
die Hauptinsel herangerückt. Die
Regenbogenbrücke spannt sich bereits
in einem schillernden Bogen hinüber.
Ungeduldig scharrt Onchao mit den
Hufen.
„Du hast recht", stimmt Mia ihm zu.
„Wir sollten uns beeilen."
Onchao, Yuko und Mo stellen sich
als Erste neben das Jadehorn.

Augenblicklich werden sie von einer
Blase umschlossen und hinauf auf
die Brücke gehoben. Auf ihr geht es
wie auf einer Straße hinüber zur
Regenbogeninsel.
Dann sind Riok, Mia und Duna an
der Reihe. Auch sie schaffen es ohne
Probleme hinüber.
Auf der Insel angekommen, schaut Riok
sich staunend um. Überall schimmern
bunte Regenbögen. Nun ist ihm klar,
woher die Insel ihren Namen hat. „Wow!
Das ist der farbenfrohste Ort, den ich je
gesehen habe!"

„Das finde ich auch", stimmt Duna ihm
beeindruckt zu.

Ungläubig starrt Riok sie an. „Hast du
gerade gesprochen?"

Duna nickt verdattert. „Ich weiß selbst
nicht, wie ich das gemacht habe!"

„Ich habe ganz vergessen, euch das zu sagen." Mia lacht. „Hier auf der Insel können Einhörner sprechen."

Da kommen Garnivera und Flair angetrabt.

„Die Beschützer von Centopia sind hier!", ruft Garnivera erfreut und verneigt sich vor den Freunden. „Ich habe geahnt, dass ihr uns besuchen kommt."

Flair nickt Duna zu. „Sollen Onchao und ich dir die Insel zeigen?"

„Gerne!", antwortet Duna.

Die drei Einhörner galoppieren davon. Ernst blickt Garnivera ihnen nach. Dann erst beginnt sie zu sprechen. „Schlimme Dinge sind in Gang gesetzt worden. Dystopia kommt auf uns zu."

„Das weißt du?", ruft Yuko überrascht.

„Ja", antwortet Garnivera bedrückt.

„Die Regenbogenquelle hat mir eine Botschaft geschickt. Kommt mit, ich zeige sie euch. Erzählt mir unterwegs alles, was ihr wisst."

Kurz darauf haben sie die Quelle erreicht. Garnivera ist tief beeindruckt von dem, was sie von Mia erfahren hat.

„Der Stock, den Kyara gefunden hat, fing an zu glühen? Das ist interessant. Gut möglich, dass er euch ein Zeichen gibt. Ein Signal, dass ihr eine Zutat gefunden habt."

„Eine Zutat? Wofür?" Fragend starrt Mia die weise Einhorndame an.

„Ich erkläre es euch. Aber zuerst solltet ihr euch etwas ansehen."

Eine Quelle der Erkenntnis

Garnivera steigt zur magischen Quelle hinab, beugt sich vor und berührt die Wasseroberfläche sacht mit ihrem Horn. Es leuchtet hell.

Lilafarbener Qualm wirbelt aus der Quelle auf. In seiner Mitte tut sich etwas. Ähnlich wie zuvor bei Tessandra können die Freunde auch hier wie durch ein Fenster direkt hinüber nach Dystopia blicken. Zu sehen ist das Innere eines dunklen Gebäudes. In einem Loch im Boden brodelt es grün und unheimlich.

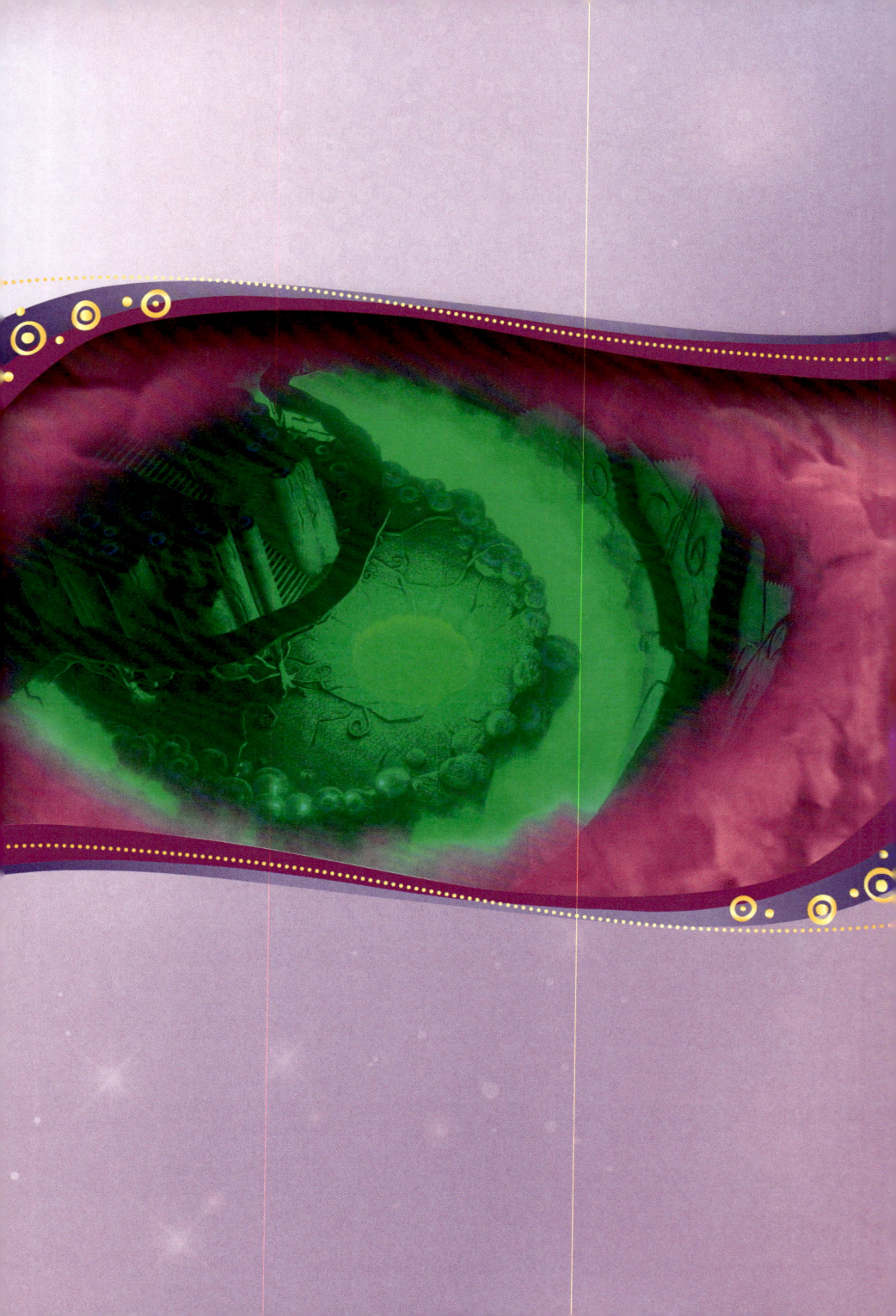

„Das ist das Loch der Finsternis."
Garnivera seufzt. „Was daraus aufsteigt,
ist der Nebel der Verdammnis. Passt auf,
was nun geschieht."
Im nächsten Moment kracht ein riesiger
Brocken auf das Loch und verschließt
es. Dann löst sich das Bild auf, das die
Quelle den Freunden gezeigt hat.
Mia runzelt die Stirn. „Das war alles?"
Garnivera nickt bedauernd. „Mehr hat
mir die Quelle nicht offenbart. Aber ich
glaube, sie will uns sagen, dass wir
Centopia retten können. Ihr müsst
wissen: Es existiert ein sehr altes
Rezept für den Trank der Einheit. Es
heißt, er kann alles Böse besiegen."

„Kann er auch meine Brüder und meine Familie retten?", fragt Riok aufgewühlt. „Ja, mein Freund", antwortet Garnivera mit sanfter Stimme. „Das Problem ist: Die Zutaten gingen im Laufe der Zeit verloren. Ich weiß nur so viel: Einundzwanzig Zutaten werden gebraucht. Alle sind sehr selten und überall auf dem ursprünglichen Kontinent Centopia verstreut."

Mo verzieht das Gesicht. „Aber wie sollen wir die Zutaten finden, wenn wir nicht wissen, welche es sind?"

Auch darauf hat Garnivera eine Antwort. „Ich glaube, da kommt Kyaras Stöckchen ins Spiel. Es leuchtet, sobald ihr eine Zutat gefunden habt. Habt ihr alle einundzwanzig beisammen, könnt ihr damit das Loch der Finsternis für immer schließen und den Nebel stoppen."

„Also los!" Yuko klatscht in die Hände.
„Wo fangen wir mit der Suche an?"
„Ich habe eine Idee." Mia kniet sich
neben die Regenbogenquelle. Sie zieht
Kyaras Stock aus dem Gürtel und hält
ihn dicht an die Wasseroberfläche.
Er leuchtet pink.
Sonst geschieht zunächst nichts.
Dann steigt eine blaue Lichtkugel aus
dem Wasser auf. In ihr schwebt eine
wunderschöne Perle aus der Quelle.
Sie schimmert in allen Farben des
Regenbogens.
Mia muss nur die Hände ausstrecken
und zugreifen.

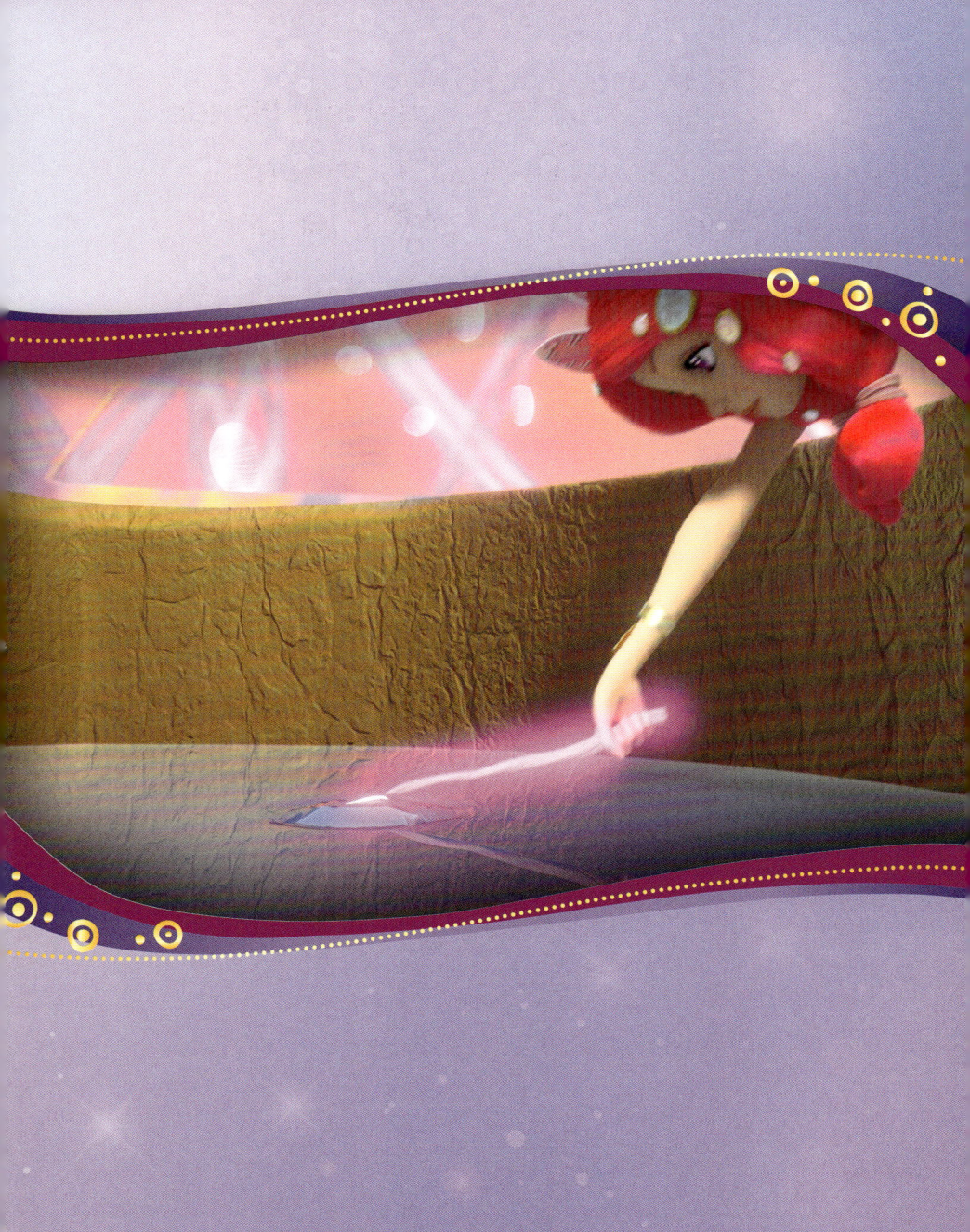

„Eine Regenbogenperle", flüstert
Garnivera andächtig. „Ich habe viele
Geschichten über sie gehört. Aber ich
dachte, es gibt sie gar nicht."
Riok drängt zur Eile. „Okay, diese Zutat
haben wir also. Aber es fehlen noch jede
Menge weitere. Wir sollten keine Zeit
verlieren!"
Mia, Yuko und Mo stimmen ihm zu.
Die Aufgabe, die vor ihnen liegt, mag
schwierig sein. Aber jetzt wissen sie:
Dank des Stocks, den Kyara gefunden
hat, gibt es Hoffnung …

Karin Pütz

Mia and me: Die Legende von Centopia
Das Abenteuer geht weiter

Entdecke die magische Welt Centopia! Lerne Mia und ihre Freunde kennen, besuche die Regenbogeninsel und erfahre alles über die neuen Inseln aus Staffel vier. Eine fantastische Entdeckungsreise zum Lesen, Anschauen und Staunen!

Mit vielen Bildern aus der Serie.

ISBN 978-3-473-49651-8

Flieg mit Mia nach Centopia!

THiLO

Mia and me: Das kleine Einhorn

Ein neues Einhorn wird geboren! Die kleine Kyara
schließen alle sofort ins Herz. Doch die Dunkelelfe
Gargona will unbedingt Kyaras goldenes Horn.
Zum Glück kann sich das Fohlen auf Mia und ihre
Freunde verlassen.

Ein Erstleseabenteuer mit Bildern aus der Serie.

ISBN 978-3-473-49193-3